原地太極拳系列 ③

# 原地簡化
# 太極拳 24 式

胡 啟 賢／創編

大展出版社有限公司

# 作者簡介

　　胡啟賢現年 70 歲，原籍安徽省固鎮縣，供職於固鎮縣民政局，1991 年退休。

　　曾先後患心臟病、高血壓、胃潰瘍、類風濕關節炎等多種疾病，於「病入膏肓」求醫無望之際，抱一線希望習練太極拳，竟於不知不覺中諸病皆癒，且白髮變黑。

　　此後連續十幾年自費到北京拜門惠豐為師，潛心研習太極拳。

　　因每遇天氣惡劣無場地練功時，便坐臥不安，漸萌發奇思，歷時六年，經千萬次試練，終於創編了不受場地限制的「原地太極拳」。在中央電視台播出後，立即引起各界關注和喜愛。

# 前　言

　　筆者經多年悉心研究揣摩創編的「原地太極拳」，經由《武魂》雜誌連載、中央電視台播放演練錄影帶、北京體育大學出版社出版發行教學錄影帶和ＶＣＤ光碟，很快引起了全國廣大太極拳愛好者的喜愛和關注。他們大量熱情洋溢的來信，除了對這套拳給予充分肯定外，並提出，這套拳中的轉身雙拍腳、左右擺蓮腳、轉身十字拍腳等動作難度較大，不太適合初學者和年老體弱者演練。因此，本人又編創了這套「原地簡化太極拳」。

　　為便於簡化太極拳愛好者演練這套拳，我將原地簡化太極拳的動作名稱、式子排列順序等作了與簡化太極拳相同的編排。

　　這套原地簡化太極拳經過兩年多的教學實踐證明，它是很受群眾歡迎的。其原因是：

　　㈠、場地小，演練方便：這套拳只需半徑 1～1.5 公尺的圓形場地，在室內、庭院等地方都可演練，既方便省時，又能使演練者免受風雨寒暑之苦，由於它占用場地小，很適合機關、廠礦、企業及學校的人員集體演練。

　　㈡、易教易學易堅持：整套拳除了「起、收勢」

「十字手」是單式，其餘都是同一式左右並列或分組左右並列的，學一式即是學二式；加之，它的動作簡單，技術難度不大，一般初學者只需五、六個學時就可獨自演練。會練簡化太極拳和有太極拳功底者學練更加容易。因其不受場地限制，習練者容易堅持。

　　㈢、健身效果好：由於這套拳的動作姿勢左右均等，能使身體得到全面平衡的鍛鍊；另外，它的很多拳式是在原地運用身體左右或前後旋轉完成的，基本不要走步，運動省時省力；再則，它的動作不複雜，容易結合呼吸，所以能使習練者很快獲得良好的健身效果。

　　整套拳演練一遍約需 5～6 分鐘。若將其中的一些式子按四、六等雙數重複演練，其運動時間和運動量可以任意增加。因此，它對不同年齡、不同體質、不同職業的太極拳愛好者都是適宜的。

　　由於作者水平所限，錯誤和不妥之處，敬請廣大讀者批評指正。

作者　胡啟賢

# 序

　　胡啟賢先生，原安徽省固鎮縣幹部，50 年代因工作積勞過度，身患十餘種疾病，多方投醫，臨床用藥，療效不佳，身體極度衰竭，生命危在旦夕。無奈之際，在家人攙扶之下，參加了縣舉辦的「四十八式太極拳」學習班，磨練太極拳功法，漸見功效，能進食，渾身有勁，由長臥而起，行走便利，能生活自理；多年堅持鍛鍊，病症皆消，身體得到康復。

　　太極拳在他身上顯現了神奇功效，是太極拳給了他第二次生命。

　　此後，他千里迢迢，來北京投師，向我深求太極拳功理功法，技藝大進。如今，他年過七旬，身體魁梧健壯。為實現「個人得福，眾人受益」的宗旨，他走向社會義務教拳，從學者千餘人次。很多病患者，堅持跟他練拳，身體得到康復。為普及群眾性太極拳活動，他精心創編了「原地太極拳」系列拳法，並整理出版，可喜可賀，望讀者喜練太極拳，終身受益。

北京體育大學教授　門惠豐

一九九九年元月

# 目　錄

# 要點提示與習練須知

(1)、文字說明中，凡有「同時」兩字的，不論先寫或後寫身體某部分動作，全身各運動部位都要協調運動，不要分先後去做。

(2)、運動的方向是以身體的前、後、左、右為依據的，不論怎麼轉變，總是以面對的方向為前，背對的方向為後，身體左側為左，右側為右。

(3)、預備式中要求的懸頂豎項、沈肩垂肘（屈肘）、含胸拔背、斂臀收胯、上體中正、全身放鬆、精神集中、呼吸自然等要貫串這套拳的全過程。

(4)、整套拳除了「起、收勢」身體可以直立，和個別拳式身體可以有明顯升降外，其餘都要屈膝坐身運動。運動中身體高度應保持大體一致，不要忽高忽低，起伏不定；屈膝度數可在大腿與地面約成 45 度～60 度斜角之間，因人而異；前弓腿的膝蓋應與腳尖垂直。步法要靈活，虛實分明，兩腳的虛實變換只能漸變不能突變。

上步要腳跟先著地，退步或撤步要前腳掌先著地，然後慢慢踏實。上步、退步、跟步、撤步時要保持身體重心平穩。動作熟練後，一些「丁步」、「抱

球」不要停頓（丁步腳尖可不落地），以使動作連貫。

(5)、要按照「動作說明」的方位、角度演練。必要時可運用「碾腳步法」（即以腳跟為軸，腳尖外撇或內扣；以前腳掌為軸，腳跟向外碾轉或向內碾轉），來調整各拳式要求的方位、角度。

(6)、要「意領身行」，以腰為軸，帶動四肢弧形螺旋運轉，不要聳肩、揚肘和直臂。要運用四肢的劃弧旋轉，尤其是兩手臂旋轉（拇指向外旋，稱外旋，反之稱內旋）所產生的螺旋勁（纏絲勁）加上利用「碾腳步法」（以腳跟或前腳掌為軸，減少腳與地面的摩擦力）來助腰旋轉，以使身體向前、後、左、右轉動輕靈，周身動作協調一致。

(7)、「動作說明」中的插圖，由於照片受角度限制，它所顯示的動作姿勢、方位、角度和圖上畫的動作路線是不精確的，應以文字說明為準。圖上畫的實線（——）代表右手、右腳；虛線（………）代表左手、左腳。

「動作說明」是以面向南方為起勢寫的。初學階段按「動作說明」演練容易記住拳式和運動方位，待動作熟練後，起勢面向可任選。

(8)、動作與呼吸配合，對增強太極拳的健身醫療

作用和提高拳技都是十分重要的。初學時用自然呼吸，動作熟練後，就要有意識地引導呼吸與動作配合。它的一般規律是：動作趨向定式呼氣，換式（上一式到下式的過渡動作）吸氣，個別運動路線長的動作可輔以短暫的自然呼吸，待動作嫻熟後，要採用「逆腹式呼吸」（氣沈丹田），即呼時小腹外突，吸時小腹內收。呼吸要深、長、細、勻，通暢自然，不可勉強屏氣。

⑼、習練者要逐步達到太極拳動作的要求：即動作輕鬆柔和，圓活自然，剛柔相濟，連綿不斷，緩慢均勻和意、氣、力（精、氣、神）內外合一。

⑽、練太極拳要動作規範，姿勢正確，把握要領，增強悟性，循序漸進，日練不輟，持之以恒。

# 動作名稱

1. 起勢
2. 左右野馬分鬃
3. 左右白鶴亮翅
4. 左右摟膝拗步
5. 右左手揮琵琶
6. 右左倒卷肱
7. 右左攬雀尾
8. 右雲手、右單鞭
9. 左雲手、左單鞭
10. 右高探馬
11. 右蹬腳、雙峰貫耳
12. 左高探馬

13. 左蹬腳、雙峰貫耳
14. 右下勢獨立
15. 左下勢獨立
16. 右左玉女穿梭
17. 右海底針、左閃通臂
18. 左海底針、右閃通臂
19. 左轉身搬攔捶
20. 如封似閉
21. 右轉身搬攔捶
22. 如封似閉
23. 十字手
24. 收勢

# 動作說明

圖1

## 預備勢（面向正南方）

身體自然直立，兩腳跟相觸，兩腳尖外撇約60度；懸頂（頭微上頂），豎項，沈肩垂肘，含胸拔背，兩肩微前合，下頦微內收，斂臀收胯；手指微屈自然散開，手心微含（虎口要保持弧形），兩手的指梢輕貼大腿外側，中指微向下領伸（兩肘微外撐，不要貼肋，肘肋之間可容一拳）；嘴唇輕輕合閉，舌放平，舌尖輕貼上腭，鼻吸鼻呼，呼吸自然；全身放鬆，精神集中；眼平視前方（圖1）

# 1. 起　勢

圖2

　　(1)身體重心慢慢移至右腿，左腿先腳跟抬起，然後全腳慢慢提離地面，慢慢向左分開約與肩寬，前腳掌先著地，然後全腳踏實（以下動作都要緩慢進行），重心移至兩腿間（兩腳要平齊，腳尖外撇度數不變）（圖2）。

圖3

　　(2)兩手臂以手指領先（不要屈腕或塌腕），向前
上方慢慢舉起，手心向下，腕與肩平（手掌略高於肩
），沈肩，臂微屈，兩手相距約同胸寬；眼從兩手間
向前（南）平視（圖3）。

# 2. 左右野馬分鬃

圖4

### 左式（定式面向東南）

(1)上體保持正直，兩腿屈膝坐身，同時，上體微右轉，重心移向右腿，左腳移至右腳內側，腳尖著地成丁虛步；右手先稍向左，再向下、向右（在體右側手臂先外旋後內旋）、向上、向左劃立圓至右胸前，肘平屈，肩與肘尖微下沈，腕與肩平，手心向下，指尖向左；左手也先向左，再向下（手臂漸漸外旋），向右劃弧至右腹前，手心向上，兩手心相對成抱球狀；眼看右手（圖4）。

圖5

　　(2)上體微左轉，左腳向東南（約 45 度）上步，先腳跟著地，然後全腳踏實（以下簡寫為上步），腿屈膝成左弓步，腳尖向前，膝蓋與腳尖成垂直線（以下簡寫為弓步），右腿蹬伸，以前腳掌為軸，腳跟外碾，腳尖斜向前約 45 度（兩腳橫向距離約 30 公分）；同時，左手臂外旋向左上方劃弧，手高與眼平，手心斜向上，臂微屈，左肘、膝上下相對；右手臂（微內旋塌腕）向下劃弧至右胯旁，臂成弧形，手心向下；眼看左手（定式時重心偏於前腿約 70%，以下弓步同）（圖5）。

圖6

## 右式（定式面向西北）

　　⑴重心移向右腿，上體右轉，左腳尖翹起，以腳跟為軸，腳尖內扣約 90 度，重心再移至左腿，右腳收至左腳內側成丁虛步；同時，左手臂內旋向右劃弧，屈肘收掌於左胸前，手心向下，指尖向右；右手臂向右、向左劃弧，手臂外旋收掌於左腹前，手心向上，兩手心相對成抱球狀；眼看左手（圖 6）。

圖7

　　(2)上體再微右轉，右腳向西北上步，即可做右野馬分鬃。具體動作可參照左式（圖7）。

　　註：此式可按左右雙數重複演練。

# 3. 左右白鶴亮翅

圖8

**左式（定式面向南）**

⑴重心移向左腿，上體左轉，右腳尖翹起以腳跟為軸，腳尖內扣約 90 度，重心移至右腿，左腳右移成虛步；，同時，右手臂內旋向上、向左劃弧至左胸前，手心向下；左手臂先向左，再向右（手臂外旋）劃弧至腹前，手心向上，兩手在左胸前成抱球狀（圖8）。

圖9

　　⑵上體先微左轉再右轉，左腳稍向前移，腳尖虛
著地，膝和腳跟稍上提；同時，兩手臂隨著左右轉體
，左手向體左上方劃弧伸舉，手心斜對左額角，指尖
約與頭平（沈肩，臂微屈，肘尖微下垂）；右手臂先
稍向左、再向下劃弧經腹前摟掌至右胯側（偏上），
手心向下，指尖向前；眼向正南方平視（圖9）。

圖10

## 右式（定式面向北）

⑴上體先右轉約 135 度，左腳提離地面隨著轉體向右移動，腳尖內扣，腳跟落地，右腳跟內碾；同時，兩手臂亦隨體轉動，左手經頭前向右劃弧（手心斜向右上方）；右手經腹前也向右劃弧，手心向下（圖 10）。

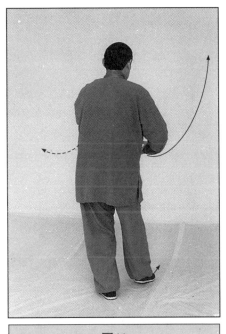

圖11

　⑵上體繼續右轉約 45 度，左腳尖內扣落地，重心移向左腿，右腳提離地面向右前方移動，腳尖向北成虛步，膝蓋和腳跟稍上提；同時，兩手臂隨轉體再

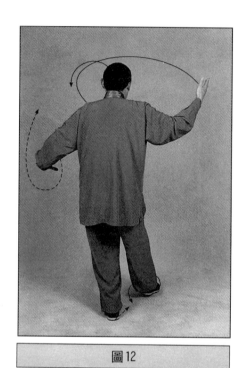

圖12

向右劃弧至右胸前成抱球狀。在右腳向北出虛步時，
右手向上亮掌，左手向下摟掌……其他動作參照左式
；眼向北平視（圖11、12）。

# 4. 左右摟膝拗步

圖13

## 左式（定式面向南）

(1)上體左轉，右腳以腳跟為軸，腳尖內扣，重心移至右腿，左腳跟內蹍並提起成虛步；同時，右手臂從面前向左、向下經胸前向右、向上、再向左劃一立圓，舉於體右側後上方，手心向上，腕與肩平；左手臂向左、向上、向右劃弧至右胸前，手心向下；眼看右手（圖13）。

圖14

　　(2)上體再左轉（兩次轉體 180 度），左腳向左前
方邁出，重心前移，左腿屈膝成弓步，腳尖向前，右
腿蹬伸，腳跟外碾，腳尖斜向前（兩腳橫向距離約
30 公分）；與轉體和左腳前邁同步，左手向下經左
膝前上方（手心向下）摟掌至左大腿外側，指尖向前
，右手臂捲收經耳側，沿體中線向前坐腕推掌，手心
朝前，指尖向上，掌根與胸平，臂微屈；眼看右手食
指（圖14）。

圖15

### 右式（定式面向北）

(1)上體微右轉並向後坐身，重心移向右腿，左腳尖翹起；同時，左手臂伸舉於體前，手心向上，腕與肩平（肘、膝上下相對）；右手收於左胸前，手心向下，指尖斜向左；眼看左手（圖15）。

圖 16

　　(2)上體再右轉，左腳以腳跟為軸，腳尖充分內扣
落地，重心移至左腿，右腳跟抬起成虛步；同時，兩
手臂隨體轉動；眼仍看左手（圖 16）。

圖17

　　(3)上體繼續右轉，右腳向右前方邁出，右手摟膝
，左手向前推掌……其他動作參照左式（圖17）。

# 5. 右左手揮琵琶

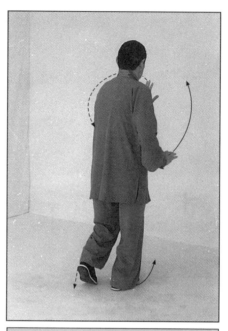

圖 18

**右式（定式面向北）**

　　上體微右轉，左手再稍前推，重心微前移，左腳稍向前墊步（腳尖外撇約 45 度）落地，重心移至左腿，隨之上體微向左轉，右腳稍向前移成虛步，腳跟

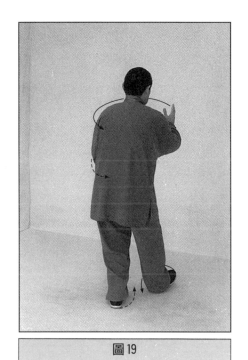

圖 19

著地，腳尖翹起，膝微屈；同時，右手臂向右、向前
（手臂內旋轉外旋）、向上挑舉，指尖高與鼻平，手
心向左；隨著上體先微右轉，再向左轉，再向右轉，
左手臂向左、向下、向右劃弧圈，合於右小臂和肘的
內側，手心向右（右肩、肘、手與右胯、膝、足上下
相對；鼻尖與右手尖、足尖三尖對齊）；眼看右手食
指（圖 18、19）。

圖 20

### 左式（定式面向南）

　　⑴上體左轉，右腳以腳跟為軸，腳尖充分內扣，左腳以前腳掌為軸，腳跟向內碾轉；同時，右手臂內旋繞頭前，左手臂外旋從腹前都向左劃弧，隨之重心移至右腿；右手置於左胸前，手心向下，指尖斜向左；左手置於左胯前，手心向上，指尖斜向右（圖 20）。

圖 21

　(2)上體向右轉，再向左轉，左腳隨轉體向左前方移動，腳跟著地，腳尖上翹成虛步；同時，左手臂內旋向左、向前、向上方劃弧挑舉，手心向右；右手向右、向後、向左劃一弧圈，合於左肘內側，手心向左……其他動作參照右式；眼看左手食指（圖 21）。

# 6. 右左倒卷肱

圖 22

（**定式面向南**）

⑴上體右轉，右手臂外旋，手心向上，沿體中線向下經右胯側（低不過胯），向後上方劃弧平舉，沈肩，臂微屈，腕與肩平，手心仍向上；左手臂外旋稍向前伸舉，手心也向上，沈肩，臂微屈（兩手如拖物）；左腳尖下落，腳跟抬起成虛步，膝微屈；眼轉看右手（圖22）。

圖23

（2）上體左轉，眼轉看左手；同時，左腳提離地面
，腳尖下垂，向後退一小步（上體要正直，腳不要擦
地），腳尖外撇約 45 度，先前腳掌落地，然後全腳
踏實，重心移至左腿；右腳抬起向前上一小步，腳尖
著地成虛步（兩腳不要在一條線上，橫向距離約 10
～15 公分）；於體左轉和左腳後退的同時，右手臂
捲收經耳側（手高不過頭），沿體中線向前坐腕推掌
，手心向前，掌根高與胸平；左手臂向下，沿體中線
經腹前向後收至左胯前；眼看右手（圖23）。

圖24

　　⑶上體再稍左轉，左手臂向後劃弧平舉於體左後
上方，手心仍向上，腕與肩平，沈肩，臂微屈；右手
臂外旋前伸，翻手心向上（兩手如拖物）；眼轉看左
手（圖24）。

圖 25

　　⑷上體右轉，眼轉向前看右手；同時，右腳提離
地面向後退一小步，腳尖外撇約 45 度落地，重心移
至右腿；左腳抬起向前上一小步，腳尖著地成虛步；
左手坐腕推掌，右手收至右胯前（圖 25）。

圖 26

　　(5)上體再稍右轉，右手臂向後伸舉至體右後上方，手心向上，左手臂外旋前伸，翻手心向上；眼向後看右手（圖 26）。

# 7. 右左攬雀尾

圖 27

**右式（定式面向南）**

⑴左腳稍抬起，稍向前墊步，腳尖外撇約 45 度落地，重心向左腿移動；同時，右手臂捲收經耳側向胸前坐腕推掌；左手向下劃弧收至左腹前，手心向上；眼看右手（圖 27）。

圖 28

　　(2)上體左轉，重心全部移至左腿，右腳收至左腳內側成丁虛步；同時，左手臂向左（偏後）、向上、向前劃立圓至左胸前，肘平屈，手心向下，高與肩平；右手臂外旋向下劃弧至左腹前，手心向上，兩手心相對成抱球狀；眼看左手（圖 28 ）。

圖 29

　　(3)上體微右轉，右腳向體右前方邁出，重心前移，右腿屈膝成弓步，左腿蹬伸（兩腳不要踩在一條線上，橫向距離約 20 公分）；同時，右前臂內旋向體前掤架橫於體前，臂成弧形，高與胸平，手心向內；左手臂（手臂微內旋）向下劃弧至左胯旁，手心向下，指尖向前；眼從右前臂上向前平視（圖 29）。

圖 30

　(4)上體再微右轉，右手臂內旋向體右前方伸出，手心斜向下，腕與肩平，臂微屈（肘、膝相對）；左手臂外旋也向前伸至右前臂下方，手心斜向上（兩手心斜相對）；眼看右手（圖 30）。

圖31

(5)上體左轉，重心後移，右腿後伸，左腿屈膝坐
胯；同時，兩手一齊下捋至左胯前，接著兩手臂再向
後劃弧上舉，左手至體後左上方，手心與指尖斜向上
，腕與肩平；右手至左胸前，手心向上；眼看左手（
圖31）。

圖 32

　　(6)上體右轉，重心前移，右腿屈膝弓步，左腿蹬伸；同時，右前臂移至胸前平屈，手心向內；左手臂向胸前捲收，手掌貼近右腕內側，然後兩手臂前擠至兩臂成半圓形；眼從右腕上向前平視（圖 32）。

圖 33

(7)兩手臂再略前擠，右手臂內旋，左手經右腕上
伸出，兩腕交叉成斜十字形，手心均向下，隨即兩手
向左右分開至胸寬；接著上體向後坐身，重心移至左
腿（屈膝坐胯），右腿後伸，腳尖翹起，膝微屈；同
時，兩臂屈肘，兩手劃弧回收至兩胯前，手心都向前
；眼向前平視（圖 33）。

圖34

　　⑻重心前移，右腳落實，右腿屈膝弓步，左腿蹬伸；同時，兩手坐腕向上、向前弧線推按，腕與胸平，手心向前，兩手相距約與胸寬；眼看兩手間（圖34）。

圖35

### 左式（定式面向北）

上體左轉，重心移至左腿，右腳尖翹起充分內扣落地，重心再移至右腿，左腳收至右腳內側成丁虛步；同時（兩手腕展平），右手臂向左劃弧平屈在右胸前，手心向下，腕與肩平；左手向左、向下、向右劃弧至右腹前，手心向上，兩手成抱球狀；眼看右手（圖35）。

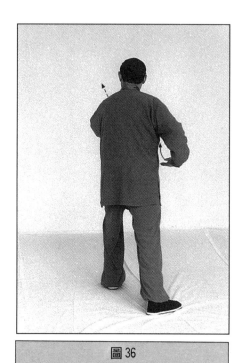

圖 36

　　其他同右式，唯動作、方向相反（圖 36、37、38、39、40、41）。

圖 37

圖38

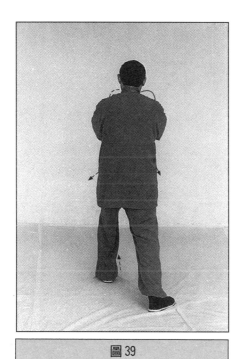

圖39

圖 40

圖41

# 8. 右雲手、右單鞭

圖42

**（雲手面向東，右單鞭定式面向南）**

　⑴接圖 41。上體右轉，重心後移至右腿（右腳
尖不需外撇），左腳尖內扣，腳尖朝東，左腿蹬伸；
同時，右手心向外（經頭前），向右劃弧至右肩前，
手心轉向右前方；左手心向下（經腹前）亦向右劃弧
至右肋前，手心斜向右後方（圖42）。

圖 43

　(2)上體左轉，重心移至左腿，右腿蹬伸，兩腿成側弓步；同時，左手臂再向右劃弧至右胸前，手臂外旋，手心轉向內，然後經面前向左雲轉（指尖高不過眉）；右手向下、向左抹掌，手心向下；眼看左手（圖 43）。

圖44

　　(3)上體再微左轉，兩手臂繼續向左雲轉，左手至
體左側，手心轉向外；右手臂外旋，向下經腹前（手
低不過襠）雲抹至左肋旁，手心斜向上。隨之，右腳
收至左腳內側；眼仍看左手（圖44）。

圖45

　⑷上體右轉，右腳返回原地（前腳掌內側先著地
），重心右移，右腿屈膝成側弓步，左腿蹬伸；同時
，右手臂向上，手心向內，經面前向右雲轉至體右側
；左手心向下，經腹前向右雲抹；眼看右手（圖 45
）。

圖46

　　⑸上體左轉，重心左移；同時，兩手由右向左雲
轉（圖 43、44），接著右腳收至左腳內側成丁虛步
，左手變勾手（勾手方法：五指第一節自然捏攏，屈
腕約 70 度）（圖 46）。

　　按照⑵和⑶的雲轉方法，再循環一次或多次。

　　註：為了不多占場地，「右雲手」要向右走兩個
開立步（約一步），「左雲手」兩腳在原地虛實輪換
倒步，也可收腳不落地就返回原地。

圖 47

### 右單鞭

上體右轉，左手勾手稍向左（偏後）伸舉（勾尖向下，臂微屈）；右腳向右前方邁出，先腳跟著地，然後全腳踏實，重心前移，右腿屈膝成弓步，左腿蹬伸，腳跟外碾（兩腳橫向距離約 20 公分）；同時，右手同雲手的動作雲轉至體前，手臂內旋坐腕前推，手心向前，指尖向上，高與鼻平，右肘、膝上下相對；眼看右手（圖 47）。

# 9. 左雲手、左單鞭

圖48

**（雲手面向東，左單鞭定式面向北）**

　(1)上體左轉，重心移向左腿，右腳尖內扣，腳尖朝東；同時，右手稍向左抹掌，手心向外；左勾手變掌，向下、向右劃弧至左腹前，手心向下（圖 48）。

圖 49

　　(2)上體右轉，左腳收至右腳內側（不落地），再返回原地，重心再至左腿；同時，兩手雲轉……雲轉次數同右式（圖 49、50）。

圖50

圖 51

### 左單鞭

具體動作可參照右式（圖 51、52）。

図 52

# 10. 右高探馬

圖53

（**定式面向北**）

(1)接圖 52。重心稍前移，右腳略向左腳後墊步，腳尖外撇，全腳落地，重心移至右腿，左腳跟抬起成虛步；同時，右勾手變掌，兩臂外旋，手心均向上，兩臂微屈，腕與肩平；眼轉看右手（圖53）。

圖54

　　(2)上體微左轉，右手臂向上捲收，右手經耳側（沿體中線）向前坐腕推掌，手心朝前，指尖向上，掌根高與胸平；左手臂外旋（沿體中線）向下劃弧回收至腹前，手心向上，指尖斜向右前；眼看右手（圖54）。

# 11. 右蹬腳、雙峰貫耳

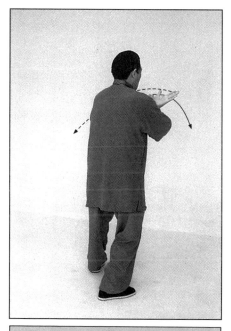

圖55

**蹬腳（面向東北）**

⑴上體微左轉，右掌再稍前推，腕展平，左手微後收，接著左腳稍向左前墊步；同時，左手（手心朝

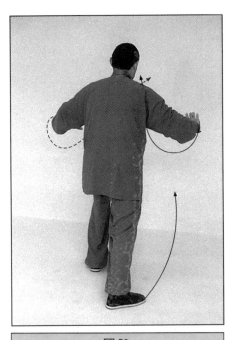

圖 56

上）向前斜伸至右腕上（右手心向下），兩腕搭成斜
十字形；隨後重心前移，左腿屈膝前弓，右腿自然伸
直；左手臂內旋，翻手心向下，繼而兩手臂分別向左
右劃弧至體兩側，上體再微左轉，左腿微屈獨立站穩

圖 57

；右腿提膝於體前，小腿下垂，腳面展平，腳趾微勾
。與右腿提膝同步，上體再微右轉，兩手向胸前合抱
，兩腕交叉成斜十字形（右手在外）；眼向東北平視
（圖 55、56、57）。

圖58

　　(2)右腳（向東北）慢慢磴出，腳尖回勾（力在腳跟）；同時，上體微右轉，兩手臂分別向右前方和左後方坐腕伸撐，臂微屈，腕與肩平，手心均向外，指尖向上（右肘、膝上下相對）；眼看右手（圖 58）。

圖 59

## 雙峰貫耳（定式面向東北）

(1)上體微右轉，右腿屈膝（大腿不要下落），小腿折收下垂，腳面展平，腳趾微勾；同時，左手臂外旋由後向前劃弧至體前；右手臂亦外旋，兩手（手心均向上）一齊平行落在右膝上方；眼平視前方（圖59）。

圖60

　(2)身體稍下降，左腿屈膝坐胯，右腿向前（東北
）伸出，腳跟著地，繼而重心前移，右腿屈膝弓步，
左腿蹬伸；同時，兩手下落至兩胯前握拳（握拳方法
：五指自然捲屈握攏，拇指壓於食指第二節上），分

圖 61

別從體左右兩側（拳不要向體後抽拉），拳臂內旋向前上方摜擊，高與耳平，兩拳眼斜向下，相距約頭寬，兩肘屈沈，兩拳與前臂合成鉗形（兩腕不要屈腕或塌腕）；眼看兩拳間（圖 60、61）。

# 12. 左高探馬

圖 62

**（定式面向北）**

(1)上體微左轉，重心移至左腿，屈膝坐胯，右腳跟抬起並向左移成虛步；同時，兩臂外旋，兩拳變掌，手心向上，右手向左移並稍向前伸，左手向下、向左後上方劃弧舉起，兩腕與肩平，兩臂微屈；眼看左手（圖 62）。

圖63

(2)上體微右轉，左手臂向上、向前捲收經耳側向胸前推掌，手心向前，指尖向上，右手臂向下劃弧收至腹前，手心向上，指尖向前；眼看左手（圖 63）。

# 13. 左蹬腳、雙峰貫耳

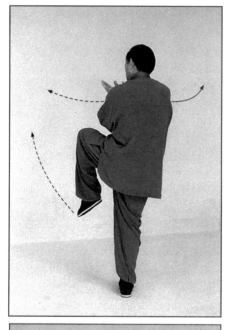

圖64

### （定式面向西北）

(1)右腳微向前墊步，重心前移，左腕展平，右手心朝上，斜向前伸於左腕上，兩腕交叉成斜十字形。

(2)重心再前移，右腿屈膝成弓步，左腿蹬伸；同時，右手臂內旋，兩手心向下，並分別從身體兩側向

圖 65

下劃弧，右腿微屈站穩，左腿膝上提，小腿下垂，腳面展平，腳趾微內勾，與左膝上提同步，兩手臂向胸前合抱，兩腕搭成斜十字形，左手在外，手心均向內（圖64）。

（3)左蹬腳和左雙峰貫耳的動作可參照右式（圖65、66、67、68）。

圖 66

圖 67

圖 68

# 14. 右下勢獨立

圖69

（定式面向南）

(1)上接圖 68。重心向右腿移動，上體右轉，左腳尖上翹；同時，兩拳變掌，右手心朝下，向左、向右、向下劃弧至腹前；左手臂外旋，手向上揚舉，手心斜向上（圖69）。

圖70

　　⑵身體繼續右轉，左腳尖儘量內扣，重心移至左腿，右腳跟向內碾轉收於左腳內側成丁虛步；同時，兩手隨轉體向右劃弧，左手至右肩前時再向下、向左、向上、向右劃一立圓變勾手（手臂先內旋後外旋再內旋）；右手至體右側再向上、向左劃弧至左胸前，手心斜向內上方；眼看勾手（圖70）。

圖71

　(3)上體微右轉，左腿屈蹲，右腳向右前方（正南
）伸成右仆步，前腳掌內側先著地，腳跟外碾，腳尖
向左（左腳跟與右腳尖在南北直線上）；同時，右手
下落至腹前，手臂外旋轉手心向左，沿右腿內側向前
穿掌；左勾手下落並向體左後伸展，勾尖向下；眼看
右手（圖71）。

圖72

　⑷上體微右轉（面向南），右腳尖翹起外撇，隨
著重心前移，右腳全腳落地，屈膝弓步，腳尖向前；
左腿蹬伸，腳尖內扣，腳尖斜向前；同時，右手再稍
前穿上挑至右腿上方，手心向左，指尖向上（右肘、
膝上下相對）；左勾手下落至左腿後上方，臂內旋，
勾尖向上（勾手不要貼臂）；眼看右手（圖72）。

圖73

(5)身體上起，右腿微屈獨立，左腿屈膝提至體前，小腿下垂，腳面展平，腳趾微勾；同時，左勾手變掌上挑至左腿上方，手心向右，指尖向上（左肘、膝上下相對）；右手下按至右胯旁，手心向下，指尖向前，臂成弧形；眼看左手（圖73）。

# 15. 左下勢獨立

圖 74

**（定式面向北）**

　⑴左腳下落至右腳後（腳尖與右腳跟平齊，兩腳
橫向距離約 10 公分），重心向左腿移動，身體左轉

圖75

，右腳以腳跟為軸，腳尖內扣，左腳以前腳掌為軸，
腳跟稍向內碾轉，隨即重心移至右腿，左腳成丁虛步

圖 76

；同時，左手向下、向左、向上、向右劃立圓至右肩
前，指尖斜向上，手心向右後方；右手向上、向左、
向下、向右劃立圓變勾手舉於右肩上方；眼看右勾手
（圖 74、75、76）。

圖77

(2)下勢獨立動作，參照右勢（圖 77、78、79）
。

圖 78

圖 79

# 16. 右左玉女穿梭

圖 80

## （右式面向西南，左式面向東南）

(1)上接圖 79：右腳向後落約半步，重心移向右腿，上體右轉，左腳尖內扣，待面向東南時，重心再移向左腿，右腳收至左腳內側成丁虛步；同時，左手向上、向右劃弧至左胸前，臂平屈，手心向下（手臂在運轉中先外旋後內旋）；右手臂向右、向下、向左劃弧至左腹前，手心向上（手臂先內旋後外旋），兩手成抱球狀；眼看左手（圖 80）。

圖81

　　(2)上體右轉（面向西南），右腳向西南約 45 度
邁一步，重心前移，右腿屈膝弓步（腳尖向西南），
左腿蹬伸，腳尖斜向前（兩腳橫向距離約 30 公分）
；同時，右手臂內旋架於右額前上方，手心斜向外；
左手先稍向左收，再向右胸前（坐腕）推掌，手心向
前，指尖向上，掌根高與胸平；眼看西南方（圖 81
）。

圖 82

　　(3)重心稍向後移，右腳尖內扣，上體微左轉，重心再全部移至右腿，左腳收至右腳內側成丁虛步；同時，右手下落在右胸前，臂平屈，手心向下；左手臂向左、向下、向右劃弧至右腹前，手心向上，兩手成抱球狀；眼看右手（圖 82）。

圖83

　　(4)上體再微左轉（面向東南），左腳向東南邁一步，重心前移，左腿屈膝成左弓步，右腿蹬伸；同時，左手臂上架，右手坐腕前推；眼看東南方（圖 83）。

# 17. 右海底針、左閃通臂

圖84

（海底針定式面向南、左閃通臂定式面向東南）

(1)重心稍向前移，右手再略向前推，隨即右腳提離地面，與上體微右轉同步，將右腳移至左腳後，腳尖外撇約 45 度落地，重心移至右腿，左腳前腳掌虛著地，膝微屈（兩腳相距約 20 公分，橫向距離約 10 公分）；同時，右手臂下落經腹前向右（偏後）、向上劃弧至體右側，手心向上；左手臂向右、向下劃弧至右胸前，指尖斜向右後方；眼看右手（圖 84）。

圖85

　　(2)上體微左轉（面向南），右手從耳側向右膝前下方插掌，指尖斜向下，手心向左，左手向左劃弧按於左胯旁，指尖向前，手心向下，臂成弧形；同時，右腿屈膝坐胯下蹲（上體稍前傾，肩、胯微向右順隨）；左腿膝和腳跟微上提，腳稍向右移；眼看前下方（圖85）。

圖 86

### 左閃通臂

(1)上體直起微右轉，左腳稍後收，左腳尖虛著地
；同時，右手臂上提，左手由下向上、向右劃弧，手
指貼近右腕內側（圖 86）。

圖 87

　　(2)上體微左轉（面向東南）左腳向東南（約 45
度）邁出，腳跟著地，接著重心前移，左腳全腳落地
，左腿屈膝弓步（腳尖向東南），右腿蹬伸，腳尖斜
向前（兩腳橫向距離約 30 公分）；同時，右手臂內
旋架撐於體右側後上方，手心斜向上，拇指向下，指
尖斜向左；左手向前推出，手心朝前，高與鼻平（兩
手臂要平均用力）；眼看左手（圖 87）。

# 18. 左海底針、右閃通臂

圖88

（**左海底針定式面向南、右閃通臂定式面向西南**）

　　⑴重心後移，上體微右轉再向左轉，隨即左腳撤至右腳內側（兩腳相距 15～20 公分），腳尖外撤落地，重心移至左腿，左腳前移成虛步；同時，左手向右、向下經腹前向左、向上、劃弧至體左側（手心向上）；右手經面前向左劃弧至左胸前，手心向下，指尖斜向左（圖 88）。

圖89

　　(2)上體微右轉（面向南），左手向前插掌，右手
向右劃弧按於右胯旁；同時，左腿屈膝坐胯下蹲，右
腳稍向前出虛步，前腳掌虛著地，其他動作參照右式
（圖89）。

圖90

## 右閃通臂

上體直起微左轉，右腳提起，上體再微微右轉，

圖 91

右腳向西南邁出，右腿屈膝弓步……其他動作參照左
式（圖 90、91）。

# 19. 左轉身搬攔捶

圖92

（面向北）

⑴接圖 91：重心移向左腿，上體左轉，右腳尖翹起充分內扣，重心再移至右腿，左腳收至右腳內側成虛步；同時，右手臂（先外旋後內旋）向左劃弧至右胸前，手心向下，指尖向左；左手臂向左、向下劃弧至左胯前握拳（不要直臂），然後前臂內旋將拳伸至右肋旁，拳心斜向外，拳眼斜向下（此時面向東北）（圖92）。

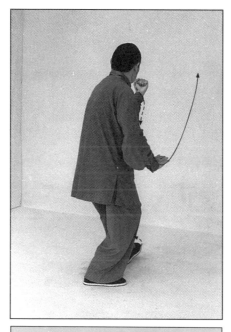

圖93

(2)上體再左轉，左腳向前墊步，腳跟著地，腳尖
上翹，膝微屈；同時，左拳臂外旋向前（正北）搬捶
，拳心向上（不要屈腕），高與鼻平；右手經左前臂
外側劃弧下按至右胯旁；眼看左拳（圖93）。

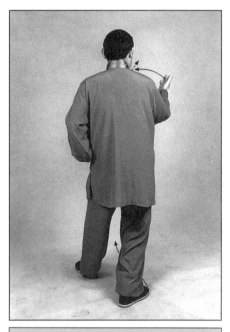

圖 94

(3)上體左轉，重心前移，左腳尖外撇，全腳落實
；同時，左拳（先內旋後外旋）稍向左再向下劃弧收
於左腰間，拳心向上，拳眼向外；右手臂外旋從體右
側向前伸攔，高於肩平；眼看右手（圖 94）。

圖95

　⑷右腳向前上步，重心前移，右腿屈膝弓步，左腿蹬伸；同時，左拳內旋立拳向前衝打，拳眼向上，高約與肩平；右手臂內旋收掌於左前臂內側。眼看左拳（圖95）。

# 20. 如封似閉

圖96

（**面向北**）

(1)右手臂外旋，手心向上，從左腕下斜向前伸出，左拳外旋變掌，手心也向上，兩手交叉，隨後左右分開，接著重心後移，左腿屈膝坐胯，右腿後伸，膝

圖 97

微上提，腳尖翹起成虛步；同時，兩手心向內，指尖向上，向胸前劃弧回收（兩手相距略窄於胸），繼而，上體再稍向後坐身，兩手臂（掌指尖朝上）向內旋轉下落至兩胯前，屈臂坐腕；眼平視前方（圖 96、97）。

圖98

(2)重心前移，右腿屈膝成弓步，左腿蹬伸；同時
，兩手由下向上，向前弧線推掌，手心向前，指尖斜
向上，兩手相距約與胸寬，腕高與胸平；眼看前方（
圖98）。

# 21. 右轉身搬攔捶

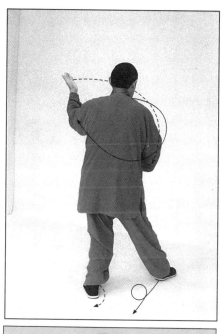

圖99

**（面向南）**

⑴上體先微左轉，重心移向左腿，右腿向後伸展，右腳成虛步；同時，左手臂外旋，由前向右、向下、向左上方劃弧，手心斜向右上方；右手（先外旋後內旋）由前向上、向左、向下劃弧至左腹前，手心向下，指尖向左（圖99）。

圖100

　　(2)上體右轉，右腳後退一步，重心移至右腿，右
腳尖翹起，以腳跟為軸，腳尖儘量內扣，全腳落地，
重心再移到左腿，隨後上體繼續右轉，右腳跟提起，
腳尖在原地順時針劃一圓圈，再向右前墊步，腳跟虛
著地；同時，隨著轉體，右手握拳向上、向右前搬捶
，左手向右、向下劃弧按於左胯旁；眼看右拳（圖
100）。

圖101

（3）上體微右轉，右腳後退一步，腳尖外撇約 45
度全腳落地，重心移至右腿（屈膝坐胯）；左腳跟著
地，腳尖上翹成虛步；同時，右拳、臂（先內旋後外
旋）先稍向右、再向下、向左劃弧收拳於腰間，拳心
向上，拳眼向外；左手（外旋）先稍向左，再向前劃
弧攔出，指尖斜向前上方，臂微屈；眼看左手（圖
101）。

圖 102

(4)上體微左轉，重心前移，左腿屈膝弓步，右腿
蹬伸；同時，右拳內旋立拳向前衝打，拳眼向上，高
與胸平；左手臂內旋攔收至右前臂內側；眼看右拳（
圖 102）。

# 22. 如封似閉

圖103

（**面向南**）

動作參照「如封似閉」（圖 103、104、105）。

圖 104

圖 105

# 23. 十字手

**（面向南）**

(1)接圖 105：上體微右轉，重心後移至右腿，屈膝坐胯，左腿膝微屈；同時，兩手臂微內旋（手心均向外），分別向體兩側劃弧分掌；眼看右手（圖 106）。

圖 107

　　(2)上體微左轉，左腳尖外撇約 30 度，接著重心前移至左腿成左弓步；同時，兩手臂外旋從體兩側向前劃弧合抱於胸前，兩腕搭成斜十字形（右手在外），手心均向內，隨著兩手前合，右腳跟步與左腳平齊，腳尖外撇 30 度，全腳虛著地（兩腳相距約與肩寬）。兩膝微屈；眼看前方（圖 107）。

# 24. 收勢

圖108

**（面向南）**

⑴上體微右轉，右腳落實，重心移到兩腿間；同時，兩前臂內旋前伸，左右分開約與肩寬，臂微屈，兩手心向下（圖108）。

圖109

　(2)身體緩緩起立，兩手徐徐下落至兩大腿外側。同時，左腳抬起向右腳併攏，兩腳跟相觸，兩腳尖外展約 60 度，眼平視前方（圖 109）。

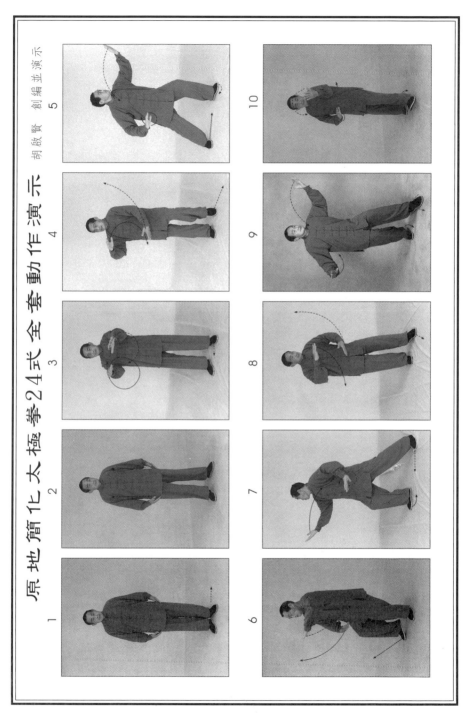

原地簡化太極拳24式全套動作演示

胡啟賢 創編並演示

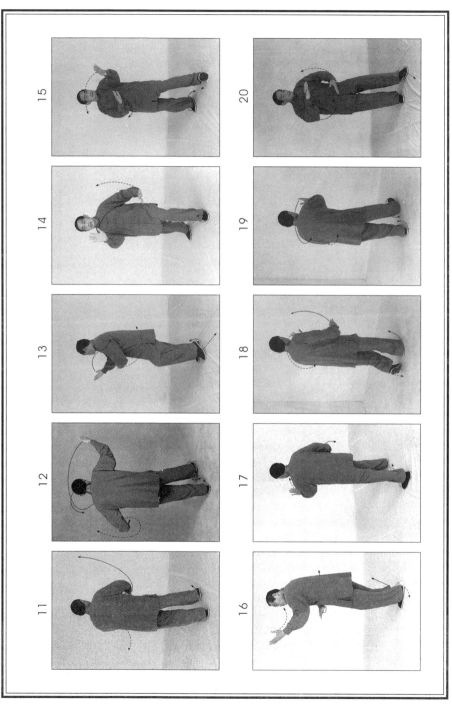

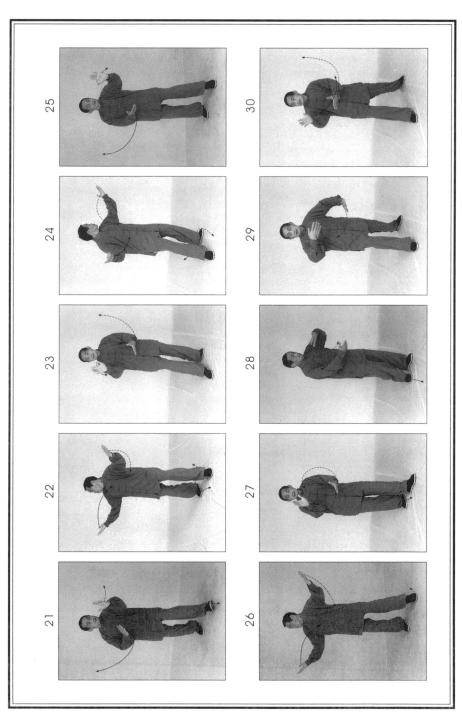

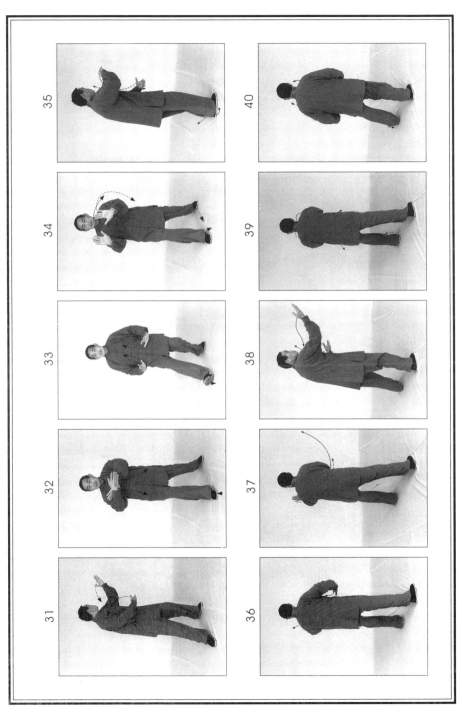

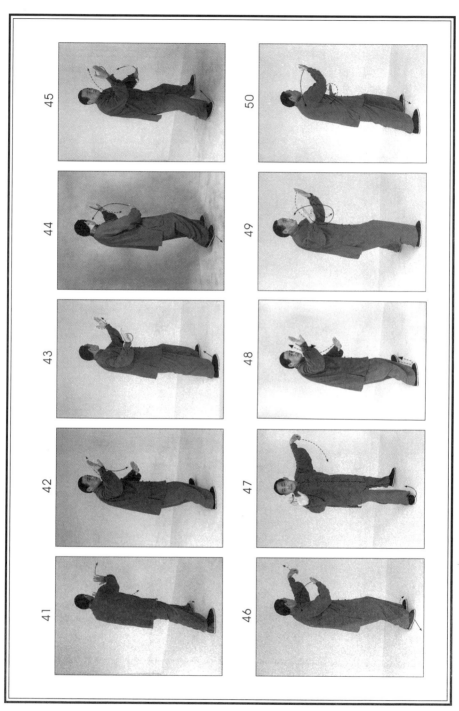

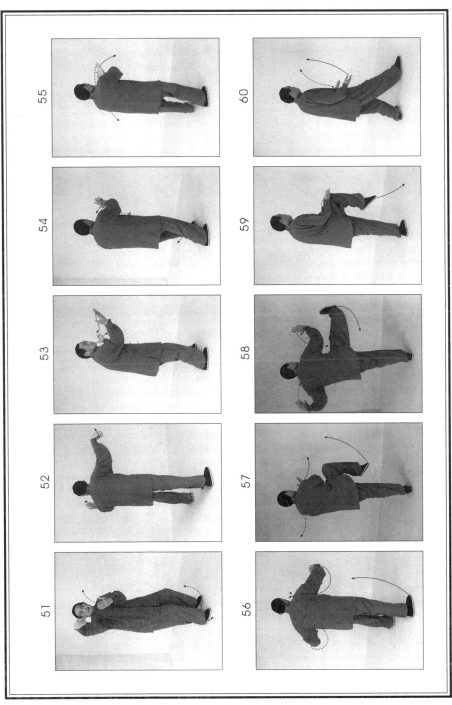

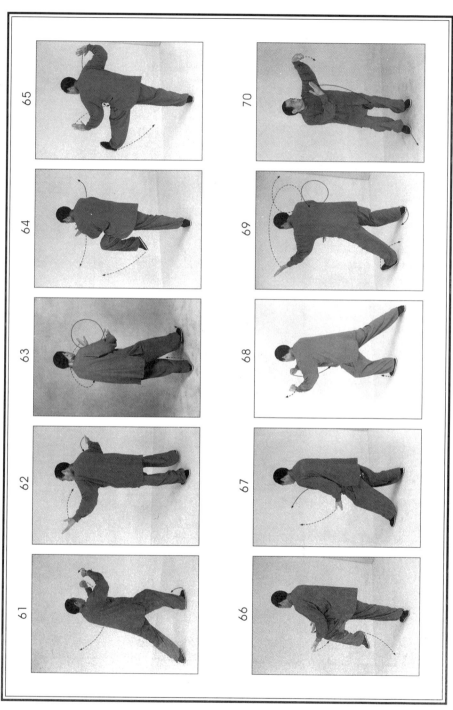

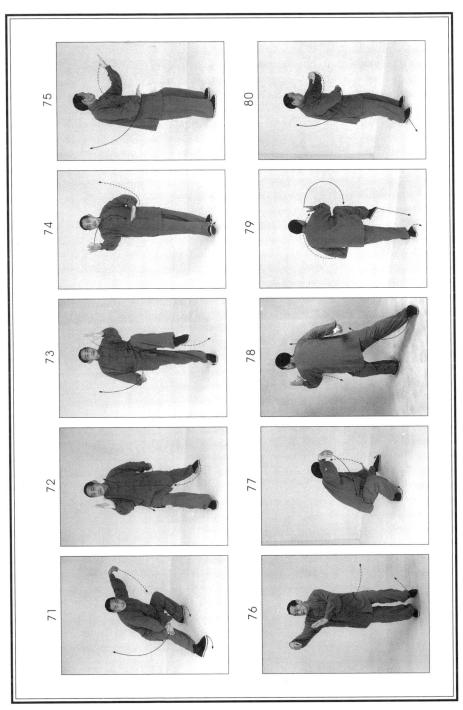

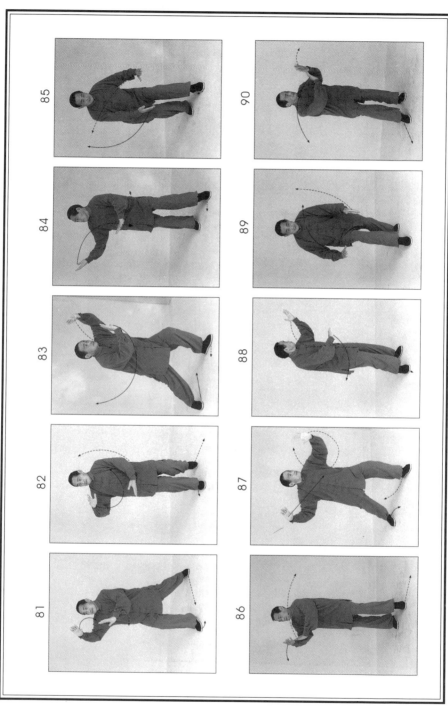

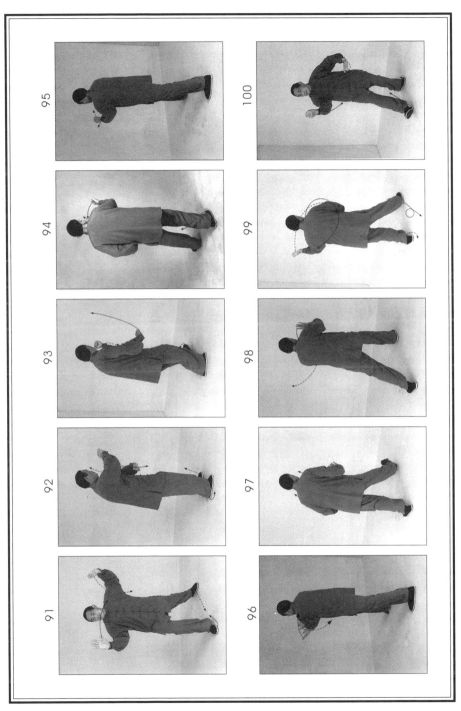

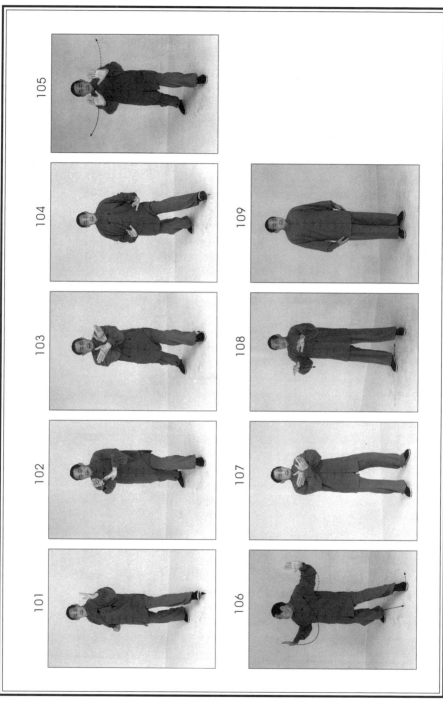

# 後　　記

　　本人編著演練的原地太極拳系列叢書已分冊出版，接受廣大太極拳愛好者的評判。此時此刻，我要衷心感謝所有向我無私傳授拳技的老師們。我倍加懷念我的啟蒙老師、已故的蕭振宜老師。特別感謝我的恩師門惠豐教授、闞桂香副教授多年來對我的辛勤栽培和精心指導。還要衷心感謝愛護、支持、積極傳播原地太極拳的中央電視台《夕陽紅》《電視教練》節目組，《中華武術》《武魂》雜誌社，以及人民體育出版社。

　　原地太極拳系列套路在編練過程中，還得到安徽省固鎮縣文體局、太極拳協會，袋焱先生、鄒其雨、段賢斌、夏懷英、柯慶來、李春輝、閣世香等同好以及大別山區金寨縣太極拳聯絡站的大力支持和幫助，一併表示謝忱。

　　最後，我以誠摯的心情將本書獻給我的老伴閣慶梅，她為此做出的努力和奉獻是任何言語都難以表述的，「軍功章」有她的一大半。

**胡啟賢**

1999. 3. 10

## ・養 生 保 健・電腦編號 23

| | | | |
|---|---|---|---|
| 1. | 醫療養生氣功 | 黃孝寬著 | 250 元 |
| 2. | 中國氣功圖譜 | 余功保著 | 250 元 |
| 3. | 少林醫療氣功精粹 | 井玉蘭著 | 250 元 |
| 4. | 龍形實用氣功 | 吳大才等著 | 220 元 |
| 5. | 魚戲增視強身氣功 | 宮 嬰著 | 220 元 |
| 6. | 嚴新氣功 | 前新培金著 | 250 元 |
| 7. | 道家玄牝氣功 | 張 章著 | 200 元 |
| 8. | 仙家秘傳袪病功 | 李遠國著 | 160 元 |
| 9. | 少林十大健身功 | 秦慶豐著 | 180 元 |
| 10. | 中國自控氣功 | 張明武著 | 250 元 |
| 11. | 醫療防癌氣功 | 黃孝寬著 | 250 元 |
| 12. | 醫療強身氣功 | 黃孝寬著 | 250 元 |
| 13. | 醫療點穴氣功 | 黃孝寬著 | 250 元 |
| 14. | 中國八卦如意功 | 趙維漢著 | 180 元 |
| 15. | 正宗馬禮堂養氣功 | 馬禮堂著 | 420 元 |
| 16. | 秘傳道家筋經內丹功 | 王慶餘著 | 280 元 |
| 17. | 三元開慧功 | 辛桂林著 | 250 元 |
| 18. | 防癌治癌新氣功 | 郭 林著 | 180 元 |
| 19. | 禪定與佛家氣功修煉 | 劉天君著 | 200 元 |
| 20. | 顛倒之術 | 梅自強著 | 360 元 |
| 21. | 簡明氣功辭典 | 吳家駿編 | 360 元 |
| 22. | 八卦三合功 | 張全亮著 | 230 元 |
| 23. | 朱砂掌健身養生功 | 楊永著 | 250 元 |
| 24. | 抗老功 | 陳九鶴著 | 230 元 |
| 25. | 意氣按穴排濁自療法 | 黃啓運編著 | 250 元 |
| 26. | 陳式太極拳養生功 | 陳正雷著 | 200 元 |
| 27. | 健身袪病小功法 | 王培生著 | 200 元 |
| 28. | 張式太極混元功 | 張春銘著 | 250 元 |
| 29. | 中國璇密功 | 羅琴編著 | 250 元 |
| 30. | 中國少林禪密功 | 齊飛龍著 | 200 元 |
| 31. | 郭林新氣功 | 郭林新氣功研究所 | 400 元 |

## ・女醫師系列・電腦編號 62

| | | | |
|---|---|---|---|
| 1. | 子宮內膜症 | 國府田淸子著 | 200 元 |
| 2. | 子宮肌瘤 | 黑島淳子著 | 200 元 |
| 3. | 上班女性的壓力症候群 | 池下育子著 | 200 元 |
| 4. | 漏尿、尿失禁 | 中田眞木著 | 200 元 |
| 5. | 高齡生產 | 大鷹美子著 | 200 元 |
| 6. | 子宮癌 | 上坊敏子著 | 200 元 |
| 7. | 避孕 | 早乙女智子著 | 200 元 |
| 8. | 不孕症 | 中村春根著 | 200 元 |
| 9. | 生理痛與生理不順 | 堀口雅子著 | 200 元 |
| 10. | 更年期 | 野末悅子著 | 200 元 |

國家圖書館出版品預行編目資料

原地簡化太極拳 24 式／胡啟賢創編
－初版－臺北市，大展，民 89
面；21 公分－（原地太極拳系列；3）
ISBN 957-468-027-4（平裝）

1.太極拳
528.972　　　　　　　　　　　　　89011709

北京人民體育出版社授權中文繁體字版

# 原地簡化太極拳 24 式　　ISBN 957-468-027-4

創 編 者／胡　啟　賢
策　　劃／鄭　小　鋒
責任編輯／秦　　燕
負 責 人／蔡　森　明
出 版 者／大展出版社有限公司
社　　址／台北市北投區（石牌）致遠一路 2 段 12 巷 1 號
電　　話／（02）28236031・28236033・28233123
傳　　真／（02）28272069
郵政劃撥／01669551
登 記 證／局版臺業字第 2171 號
E－m a i l／dah-jaan@ms9.tisnet.net.tw
承 印 者／高星印刷品行
裝　　訂／日新裝訂所
排 版 者／千兵企業有限公司
初版 1 刷／2000 年（民 89 年）　10 月
初版發行／2001 年（民 90 年）　2 月

定　價／200 元

大展好書 ✕ 好書大展